AF460382

L'ESPRIT

DE LA

TENUE DES LIVRES.

PAR M. B., Employé au Ministère de la guerre.

A PARIS,
Chez TESTU et Ce., rue Hautefeuille, n°. 13.

DE L'IMPRIMERIE DE TESTU.

1817.

INTRODUCTION.

C'EST une espèce de témérité que de livrer à l'impression un nouveau Traité de la tenue des Livres. Ce sujet, ingrat par lui-même, et qui ne peut flatter que le goût d'une très-faible partie du public, est maintenant rebattu à un tel point, que toutes les productions qui s'y rattachent doivent être nécessairement peu recherchées.

Parmi les ouvrages qui ont paru sur la tenue des Livres, il en est qui ont présenté de nouvelles théories très-profitables comme spéculation de librairie, mais dont le tems a fait justice; et quant aux autres, dans lesquels la partie double a été respectée, on peut, quelqu'estime qu'ils méritent d'ailleurs, les accuser en général d'être trop diffus et de manquer d'ordre et de liaison.

Je préviens d'avance qu'on ne trouvera ici aucune espèce d'innovation dans les principes fondamentaux de la tenue des Livres en parties doubles: cette méthode, que j'ai examinée avec soin, et que j'ai pratiquée long-tems, me paraît dériver essentiellement de la nature même des idées qu'on peut se former d'une comptabilité.

Le seul but que je me suis

proposé a été de développer, par des voies différentes de celles qu'on a suivies, les principes sur lesquels se fonde le mécanisme de la méthode en parties doubles. Je ne suppose d'abord dans le lecteur aucune notion de comptabilité : je lui soumets les premières bases que le sujet comporte ; et en le conduisant pas à pas, je l'amène, par une suite d'observations, à ce qu'on appelle la partie double.

On doit sentir que tout tient ici au raisonnement, et l'on ne ne sera pas surpris par conséquent de voir cet ouvrage dégagé d'une foule de modèles d'écritures et de registres qui l'auraient inutilement grossi.

Malgré les efforts que j'ai faits pour mettre de la clarté dans ce petit traité, je ne me flatte pas cependant de l'avoir accommodé pour les esprits les moins ouverts. Je ne sache pas que dans une étude de ce genre on puisse se dispenser de la réflexion, et je ne prétends pas former un teneur de livres en quinze jours.

L'objet de la tenue des Livres, considéré sous un point de vue général, est d'établir, par le moyen de différens registres, un mode de comptabilité propre à faire connaître, par les voies les plus simples et les plus claires, tout le mouvement des opérations de commerce qui concernent un individu ou un corps quelconque, et à déterminer, quand il convient, la nature des profits ou des pertes, qui sont le résultat de ces opérations.

Cette définition montre assez clairement que les opérations de commerce forment la base de la tenue des Livres : il convient donc d'en examiner d'abord la nature.

Toute opération de commerce suppose un échange de choses, et des choses ne peuvent être échangées que quand on les rapporte à une mesure commune.

Cette mesure est la monnaie, au moyen de laquelle les échanges peuvent être comparés entre eux.

La monnaie n'étant pas partout uniforme, c'est une nécessité, quand on en a choisi une pour mesure commune des échanges, de la faire servir à mesurer même les monnaies étrangères.

En France, par exemple, où l'unité monétaire est le *franc*, et où nous supposerons que se fera la tenue des Livres, s'il arrivait qu'une lettre-de-change de 1000 livres sterl. fût l'objet d'une opération, il faudrait convertir ces livres sterlings en monnaie française, et on en agirait ainsi pour toutes les monnaies étrangères.

Nous pouvons donc poser en principe, que dans la tenue des Livres, la monnaie, dont on a fixé l'unité fondamentale, est celle qui évalue toutes les opérations possibles, et qui détermine par conséquent les profits ou les pertes.

Examinons maintenant quels sont les élémens qui constituent un échange.

Ou je reçois valeur égale pour valeur égale, que je donne en échange, et alors je ne dois rien, comme il ne m'est rien dû; ou bien je reçois une valeur que je m'engage de payer à terme, et alors je suis *débiteur* envers celui qui me l'a fournie; lequel étant fondé à croire qu'il sera payé, devient mon *créancier.*

Dans ce dernier exemple; quoique l'échange ne soit pas entièrement consommé, on peut considérer néanmoins qu'il existe réellement; car pour une chose reçue, on donne, pour ainsi dire en échange, la promesse tacite d'en payer la valeur.

Ainsi la dette se trouvant consacrée par la chose reçue, et la créance par la promesse de la payer, il s'ensuit qu'excepté les profits ou les pertes, dans tout échange où les compensations de valeurs ne se font point, il n'y a pas de débiteur sans créancier, et que ces deux termes sont correlatifs.

Lorsque plusieurs opérations de commerce se succèdent, elles forment progressivement un corps d'échanges dont les livres doivent rendre compte à la personne qu'ils concernent, et que par cette raison j'appellerai dorénavant le *comptable*.

Or ces différentes opérations, considérées par rapport au comptable, peuvent être de plusieurs classes; car en supposant qu'il en ait la direction, quelques-unes, dans de certaines circonstances, auront lieu pour son propre compte, d'autres pour le compte de différens négocians, et d'autres enfin pour des comptes en participation.

Que si l'on suppose ensuite, comme cela doit arriver, que la direction de certaines opérations soit confiée par le comptable à un agent, cette considération fait naître une autre classe d'opérations qui se combine avec les précédentes.

Pour développer les principes de la tenue des Livres, je supposerai d'abord que le comptable dirigera lui-même des opérations pour son propre compte, et je ferai voir ensuite que le mode de comptabilité que j'aurai trouvé s'appliquera également bien aux autres cas indiqués plus haut.

Un négociant qui a des relations peu étendues, n'a pas besoin

besoin de tenir registre des opérations qu'il entreprend : sa mémoire lui suffit ; mais lorsque ses affaires se multiplient à un certain point, il sent le besoin de se rendre compte de ses dettes et de ses créances : son intérêt, qui lui parle impérieusement, lui en fait une loi : la tenue des Livres doit donc son origine à la multiplicité des dettes et des créances.

On entend par *écritures* l'opération qui consiste à établir une comptabilité.

Tant que les affaires seront de peu d'importance, on se contentera d'un seul registre pour représenter les opérations, à mesure qu'elles auront lieu; cette méthode, toute grossière qu'elle est, paraîtra d'abord suffisante.

Ainsi donc, sur un registre appelé *Journal*, parce que les écritures s'y coucheront jour par jour, le comptable indiquera ses différens débiteurs et créanciers, avec un détail précis de l'opération pour laquelle il débite ou crédite. Un article d'écritures sur le Journal, aura, par exemple, la forme suivante :

PIERRE doit fr. 3,000.

A lui vendu, à deux mois de terme, trois balles de café, pesant k°. 600, à 2 fr. 50 c. le demi-k°. . . . . . . f. 3,000 »

Des écritures de ce genre établies successivement sur le Journal feront naître une observation : c'est qu'un même personnage figurant tantôt comme débiteur, et tantôt comme créancier du comptable, il deviendra utile à celui-ci de savoir, à une certaine époque, si les dettes et les créances de cette personne se compensent, ou s'il en résulte une différence qu'on appelle *solde* en terme de tenue de livres.

Le même raisonnement peut s'appliquer à tous les débiteurs et créanciers ; et s'il fallait établir, d'après le Journal, toutes les compensations de dettes et de créances, l'opération serait longue et sujette à beaucoup d'erreurs.

Pour obvier à ces inconvéniens, il convient donc d'instituer, indépendamment du Journal, un autre livre où cette compensation soit préparée d'avance.

A cet effet je pratiquerai, sur chaque double feuille d'un registre, un tableau, en tête duquel j'écrirai les noms des négocians qui figurent sur le Journal.

La feuille à gauche sera destinée à recevoir les dettes successives d'un négociant, celle à droite en regard servira pour établir toutes ses créances.

Pour marquer cette destination des feuilles, on placera, à gauche du nom du négociant, le mot *Doit*, et à droite le mot *Avoir*.

Comme le livre sur lequel on prépare des tableaux semblables, doit être d'un grand format, on l'appelle *Grand-Livre*; et parce que tous les articles dont il se compose sont ordonnés d'après le Journal, on l'appelle encore *Livre d'Extrait* ou *Livre de Raison*; mais la première dénomination a prévalu.

Enfin, quand on forme un tableau sur le Grand-Livre, et qu'on y affecte le nom d'un négociant, on dit qu'on ouvre un compte.

Modèle d'un compte ouvert sur le Grand-Livre.

DOIT. PIERRE. AVOIR.

Janv. 1.	Pour vente à lui faite.	3000				

Les écritures étant disposées de la manière que je viens d'indiquer, il arrivera un moment où le *comptable* voudra connaître sa position avec tous ses débiteurs et ses créanciers, et les bénéfices ou les pertes de ses opérations.

On voit que le Grand-Livre fournira le moyen de connaître la totalité des dettes et des créances, puisqu'il ne s'agira pour cela que de déterminer le solde de chaque compte.

Or, si j'ajoute à la somme totale de mes créances représentées par la réunion de tous les soldes débiteurs, l'évaluation de tous les objets que je possède, je verrai dans ce résultat mon actif; que si je fais, d'une autre part, le rassemblement des soldes créditeurs, et que j'y ajoute la valeur de tous mes engagemens, ce résultat me présentera mon passif: enfin, prenant la différence de l'actif au passif, ou *vice versâ*, je connaîtrai mon bénéfice ou ma perte.

Ce résultat pourra être exact tant que les opérations de commerce n'auront pas été considérables; mais, si elles se sont multipliées, si un long intervalle de tems s'est écoulé depuis l'instant où elles ont commencé, jusqu'à l'époque où le comptable, voulant connaître sa position, aura fait son *inventaire*, on sent aisément que la méthode adoptée ne donnera aucun moyen de reconnaître les erreurs qui auraient pu se glisser dans les différens échanges, et que, sous ce rapport, l'inventaire n'aura aucun caractère d'exactitude. D'ailleurs, cette méthode déterminera la masse des pertes ou des bénéfices, sans indiquer d'où ils proviennent, et quelle en a été la source. De plus, aucune trace n'étant restée du mouvement des choses échangées, le comptable ignorera les branches les plus importantes de son commerce : connaissance que les livres doivent cependant lui donner, avec beaucoup de clarté.

La méthode que j'ai expliquée, et qu'on désigne sous la

dénomination de *parties simples*, est donc évidemment défectueuse.

Voyons comment elle nous servira pour trouver celle en parties doubles qui doit en faire disparaître les inconvéniens.

L'ESPRIT
DE
LA TENUE DES LIVRES.

Développement du système de la tenue des Livres en parties doubles.

LA méthode en parties simples est mauvaise, non parce qu'elle repose sur de fausses bases, mais parce qu'elle manque de développement. Elle doit donc renfermer implicitement le principe d'une méthode plus parfaite qu'il s'agit de découvrir.

A cet effet reprenons l'examen du résultat précédent qui a fait connaître au comptable sa position et pour fixer davantage les idées, donnons une valeur numérique aux différens objets qui forment l'inventaire.

J'ai dit que l'actif se composait de tous les soldes de comptes débiteurs et des objets appartenans au comptable ; d'un autre côté le passif se forme de la réunion des soldes créanciers auxquels il faut ajouter les objets qui restent à payer.

Ne faisons qu'un seul terme des objets qui appartiennent au comptable, et de ceux qui lui restent à payer ; ce qui sera facile, en prenant la différence de leur valeur. Ce terme, que nous désignerons par l'expression de Capital, paraîtra, du côté de l'actif ou du côté du passif, selon que la valeur des objets appartenants au comptable, sera en excès ou en défaut, relativement à celle des objets à payer.

Ainsi l'état de situation du comptable aura trois termes, et pourra se figurer de la manière suivante, en donnant des valeurs numériques à ces termes.

ACTIF ou DÉBIT.		PASSIF ou CRÉDIT.	
100	soldes de comptes débiteurs.	95	soldes de comptes créanciers.
25	capital.	30	Profits.
125		125	

Il

Il est clair que l'excès de l'actif sur le passif indique un profit de 30, et qu'en ajoutant ce profit au passif, il résulte une égalité de 125 entre le débit et le crédit.

Si au contraire je donne d'autres valeurs aux termes qui composent l'actif et le passif, comme il suit :

ACTIF ou DÉBIT.		PASSIF ou CRÉDIT.	
95	soldes de comptes débiteurs.	150	soldes de comptes créanciers.
20	capital.		
35	perte.		
150		150	

Il y aura une perte de 35, qui portée à l'actif, déterminera l'égalité entre le débit et le crédit.

Mais ce que je fais ici au moment de l'inventaire, j'aurais pu le faire à chaque échange : alors le capital, représentant tous les objets sur lesquels le comptable opère et les profits ou les pertes résultans de chaque échange, eussent été successivement déterminés au lieu de l'être en une seule fois.

Il est donc facile de comprendre qu'en instituant un compte de capital destiné à être débité de tous les objets qui sont reçus à chaque échange, et crédité de tous ceux que donne le comptable ; qu'en établissant aussi un compte de profits et pertes qui, selon la nature de chaque échange. sera débité pour la perte et crédité pour le profit, le journal pourra indiquer les différens mouvemens des choses échangées, ainsi que les différentes sortes de bénéfices ou de pertes, et que le grand livre offrira dans leur ensemble et dans leurs détails le mouvement des choses échangées et les profits ou les pertes.

Chaque échange pourra en outre être envisagé sous deux relations, c'est-à-dire qu'il n'y aura point de comptes débiteurs sans comptes créanciers, et que la somme des uns sera égale à la somme des autres.

C'est en conséquence de cette double relation que la méthode de tenir ainsi les livres prendra le nom de parties doubles.

Donnons maintenant un exemple du mode d'écritures, d'après ce nouveau système :

Dans l'introduction où il s'agissait d'une vente de trois balles de café faite à Pierre, je me suis borné à débiter le compte de ce dernier.

Mais, suivant la méthode en partie double, un compte de capital devant être ouvert sur le grand livre pour indiquer le mouvement des choses échangées, on créditera le compte de capital de la même somme dont Pierre est débité. On écrira par exemple sur le journal :

PIERRE à CAPITAL, fr. 3,000.
à lui vendu à 2 mois de terme 3 balles de café pesant 600 kil, à 2 fr. 50 c. le demi kil. . . . . fr. 3,000

Il résulte de l'établissement du compte de capital et de celui de profits et pertes, qu'indépendamment des différentes dettes et créances qui sont exprimées sur le grand livre, on y voit encore comment chaque objet qui donne lieu à un échange, entre au pouvoir du comptable et sort de ses mains, et quels sont les bénéfices ou les pertes que ce mouvement occasionne.

Il paraîtrait que le but de la tenue des livres serait rempli : cependant de nouvelles réflexions sur le compte de capital et sur celui de profits et pertes donneront le moyen de reconnaître que la méthode trouvée est encore susceptible de perfection.

Il faut remarquer que des objets de même nature font souvent la matière d'une suite d'échanges. Par exemple, je puis faire des opérations sur des marchandises; sur des lettres de change; sur des matières d'or et d'argent, etc. et ces mêmes opérations peuvent se renouveler souvent. Or, si tous ces objets se trouvaient confondus dans le compte de capital, le résultat qu'offrirait ce compte serait trop confus. Il ne présenterait pas ce que le comptable aurait intérêt de connaître, savoir le mouvement de chacun de ces objets en particulier.

Il en est de même du compte de profits et pertes : les profits résulteront tantôt de commissions qui seront allouées au comptable, tantôt d'intérêts qui lui auront été bonifiés, etc. ; les pertes se composeront de dépenses de ménage, de frais de bureaux, de frais de voyage, etc.

Les comptes de capital et de profits et pertes sont donc trop généraux, et l'on sent qu'il est nécessaire d'en établir d'autres qui en soient des subdivisions.

Mais quel sera le nombre de ces comptes ? Quelle dénomination devront-ils avoir ?

Il n'est pas possible de rien fixer à

cet égard. En effet le nombre des comptes dont j'ai parlé doit varier suivant l'importance des affaires du comptable, et leur dénomination, suivant la nature des choses qui forment la matière des échanges.

Plus les affaires du comptable auront d'étendue, plus la nomenclature des comptes sera considérable; au contraire si les opérations se resserrent, il y aura moins de subdivisions dans les comptes de capital et de profits et pertes.

Une chose importante à remarquer c'est qu'il existe entre ces comptes une subordination mutuelle : ce sont des classes distribuées par genres et par espèces : ainsi capital est un genre qui comprend des marchandises ; des lettres de change, de l'argent, des effets à payer, etc. mais le compte de marchandises qui est une espèce par rapport au compte de capital deviendra un genre à son tour si l'on établit des comptes de café, de sucre, de coton, etc.

Ces comptes sont appelés des comptes généraux ou impersonnels, pour les distinguer des comptes des négocians qu'on désigne par opposition sous la dénomination de comptes personnels.

Nous avons vu que le compte de capital est une classe générale qui comprend les autres comptes généraux : le compte de profits et pertes peut être également considéré comme une dépendance de ce compte, puisque diminuant ou augmentant le capital il y apporte des modifications.

Il existe donc deux classes de comptes : les comptes généraux et les comptes personnels.

Ceux ci faisant varier le capital, on peut établir encore qu'ils lui sont subordonnés.

D'après ces considérations, le compte de capital formera le premier degré de l'échelle des genres et des espèces de comptes qu'on peut figurer ainsi :

- CAPITAL.
  - Comptes personnels.
    - Pierre.
    - Jacques.
    - Etc.
  - Comptes géraux ou imper-sonn.
    - Marchses. générales. . . . .
      - Cafés.
      - Sucres.
      - Cotons.
      - Etc.
    - Lettres et billets de change. . .
      - Effets à recevoir.
      - Effets sur places étrangères.
      - Etc.
    - Effets à payer.
    - Caisse.
    - Meubles.
    - Etc.
  - Compte de profits et pertes.
    - Dépenses génér.
      - Frais de ménage.
      - Frais de voyage.
      - Etc.
    - Commissions.
    - Intérêts.
    - Etc.

Je prie le lecteur de remarquer que ce tableau d'une échelle de genres et d'espèces de compte n'est qu'hypothétique.

Il aurait peut-être cette forme dans une maison de commerce dont les affaires seraient considérables : si elles devenaient plus étendues, le tableau recevrait encore un développement de subdivisions, et au contraire il se réduirait beaucoup dans une maison de commerce peu importante.

Je ferai ici une observation sur la classe des comptes personnels.

Tous ces comptes ne peuvent pas avoir la même importance : il arrive souvent qu'on est forcé d'ouvrir un nombre assez considérable de comptes personnels qui, par leur nature, sé composent de très-peu d'articles, et sont susceptibles de se balancer promptement.

Afin donc d'être dispensé de multiplier ces comptes sur le grand-livre, on applique aux comptes personnels un raisonnement inverse de celui qui a conduit à subdiviser le compte de capital : celui-ci était trop général, et demandait à être distribué en plusieurs classes : ceux-là sont trop spécifiés, et peuvent être réunis dans un seul compte, qu'on intitule : Divers Débiteurs et Divers Créanciers.

Un compte de cette nature est nécessaire quand il s'agit de restreindre un certain nombre de comptes personnels qui, individuellement, sont peu étendus, et n'ont qu'une existence passagère.

Des registres qu'on emploie dans la méthode en parties doubles.

Du Journal.

C'est par une suite de raisonnemens fondés sur la nature des choses, que j'ai formé un système de tenue de livres.

D'abord la méthode en parties simples s'est offerte, parce qu'elle pouvait s'approprier à des idées qui n'avaient pas reçu leur développement ; mais reconnaissant ensuite le terme où elle devenait défectueuse, je l'ai peu-à-peu perfectionnée, et, en lui faisant subir quelques modifications, j'ai trouvé que la méthode en parties doubles avait l'avantage d'exprimer les échanges d'une manière complète, de montrer dans une juste proportion de genres et d'espèces, tous les objets qui forment le capital du comptable, et enfin d'indiquer les différentes sources des profits et des pertes.

La méthode en parties doubles paraît donc un système parfait, où tout est bien ordonné.

Pour en approfondir les principes, il s'agit maintenant de discuter avec soin la forme et la nature des différens livres nécessaires pour son exécution.

Il est clair que, comme les échanges sont le fondement des opérations de commerce, le livre dans lequel ils seront indiqués sera le plus important de tous.

Ce livre est le journal, comme nous l'avons déjà vu : espèce de piveau sur lequel roule toute la comptabilité, le journal en parties doubles offre, pour chaque opération, un faisceau de comptes dont il explique la liaison, et dont il détermine le classement sur le grand-livre, avec lequel il a par conséquent un rapport immédiat.

L'institution des comptes généraux ayant fourni le moyen d'exprimer tous les élémens des échanges, et les comptes débiteurs devant toujours être égalisés aux comptes créditeurs, on peut s'assurer des différentes formes que les articles d'écritures doivent avoir sur le journal.

Il ne peut y en avoir que quatre :

1°. En supposant *un seul compte* débiteur, et *un seul compte* créancier, *comme :*

Pierre

Pierre à marchandises générales, 2000 fr.

A lui vendu deux balles de café, montant à. . . . . 2,000 f.

2°. En supposant *un seul compte* débiteur, et *plusieurs comptes* créanciers, *comme :*

Pierre à divers, 2,040 fr.

Pour ma remise en un effet de 2.000 fr., à 2 pour cent de bénéfice.

A lettres et billets à recevoir, montant de l'effet. . . 2,000

A profits et pertes, pour bénéfice de 2 pour cent sur la négociation de l'effet ci-dessus. 40

2.040 f.

3°. En supposant *plusieurs comptes* débiteurs, et *un seul* créancier, *comme :*

Divers à Pierre, 1,530 f.

Pour sa remise en un effet de 1,500 fr. à 2 pour cent perte.

Lettres et billets à recevoir, montant de l'effet. . .	1,500 f.
Profits et pertes pour perte de 2 pour cent sur l'effet.	30
	1,530 f.

4°. En supposant enfin *plusieurs comptes* débiteurs et *plusieurs comptes* créanciers, *comme* :

Divers à divers.

Pour vente à Pierre, de 2 balles de café, montant à 2,000 fr., dont il a acquitté une partie en un effet de 1,500 fr., à 2 pour cent bénéfice.

Lettres et billets à recevoir pour montant de l'effet. . .	1,500 f.

Ci-contre. . .	1,500 fr.
Pierre, pour autant à son débit.	530
	2,030
A marchandises générales vente de 2 balles de café, à Pierre.	2,000
A profits et pertes, bénéfice à 2 pour cent. . . .	30
	2 030

Voilà les seules combinaisons d'après lesquelles les comptes dont l'ouverture sur le grand-livre est indiquée par le journal, peuvent être enchaînés entr'eux.

Examinons maintenant quels principes il faut suivre pour passer un article d'écritures sur le journal.

Je tirerai la règle suivante des idées qui ont été précédemment développées : cette règle est que, pour passer écriture des différentes opérations qui peuvent avoir lieu, il faut, eu égard à la classification adoptée, ou, pour s'exprimer autrement, à l'échelle de genres et d'espèces convenables au comptable, exprimer tout le mouvement des échanges que comporte une opération ; ce qui se fait en débitant les comptes généraux dans lesquels doivent se classer les objets que le comptable reçoit ou les comptes personnels pour les valeurs qui lui sont dues ; en créditant les comptes généraux dans lesquels doivent se classer les objets que le comptable donne ou les comptes personnels pour les valeurs qu'il doit ; et enfin en débitant ou créditant, quand il y a lieu, le compte de profits et pertes, ou une espèce de ce compte.

Je n'entends pas donner à cette règle un vain prestige en la présentant comme la clé de toutes les difficultés qui peuvent se rencontrer dans la tenue des livres ; mais comme elle est une espèce de sommaire des principes que j'ai exposés, je crois que le lecteur en saisira le sens facilement, et qu'il pourra la consulter avec fruit.

La différence qui doit nécessairement exister entre le nombre et la nature des comptes généraux des différens comptables peut servir à expliquer un fait qui d'abord paraît un paradoxe.

C'est qu'un article d'écritures qui serait bien passé sur les livres d'une maison de commerce, pourrait l'être mal sur ceux d'une autre.

Cela tient au système de classement d'objets, qui varie dans chaque maison de commerce selon le genre et l'importance des opérations qui s'y font.

Non-seulement ce défaut de précision pour la détermination des comptes se fait remarquer d'une maison de commerce à une autre, mais il a lieu aussi dans les écritures même du comptable.

Souvent on ne saura dans quelle classe de compte ranger un terme d'échange; on ne pourra pas, par exemple, déterminer avec précision si tel ou tel profit appartient plutôt au compte de commission qu'à celui d'intérêt.

Dans des cas semblables, le choix du compte est absolument indifférent, et l'on en verra la raison plus loin, quand il s'agira de la balance.

J'ai parlé des différentes formes qu'un article d'écritures pouvait recevoir.

Il convient maintenant de s'arrêter à une autre considération.

Doit-on réunir plusieurs échanges qui, ne s'étant pas faits dans le même tems, n'ont entr'eux aucune liaison?

Quelques teneurs de livres en usent ainsi : ils rassemblent, par exemple, dans un article de divers à Pierre, ou de Pierre à divers, où même de divers à divers, des opérations qui, par leur nature, n'ont aucune liaison immédiate.

Ce qui pourrait faire tolérer ce procédé, c'est qu'il abrège le grand-livre, mais il jette beaucoup d'obscurité dans la rédaction des écritures du journal : en lui donnant de l'extension, il dénaturarait entièrement ce dernier registre, et en ferait un grand-livre, ce qui serait un cercle vicieux.

Il vaut donc mieux passer sur le journal les écritures jour par jour, et en faire autant d'articles séparés qu'il présente d'opérations indépendantes l'une de l'autre, ou du moins ne rassembler plusieurs échanges qu'avec une sage précaution.

De cette manière les écritures sont à la vérité un peu plus lentes, mais ce défaut est racheté par une grande clarté.

Il est bon de savoir d'ailleurs que la loi prescrit cette marche qu'on doit être intéressé à suivre, puisqu'elle est d'accord avec la raison.

Je ferai encore une observation : souvent une valeur qui figure au crédit d'un compte, devant bientôt reparaître au débit de ce même compte, ou *vice versâ*, on croit inutile de faire mention de ce compte intermédiaire, et l'on ne conserve que les deux extrêmes. Je suppose, par exemple, que Pierre m'informe d'une traite de 1,000 fr. qu'il a tirée sur moi à vue. Si, au moment de l'avis de cette traite. je débite Pierre par le crédit d'effets à payer, quand j'acquitterai cette traite je débiterai effets à payer par le crédit de caisse, et comme dans cette opération, la même valeur se compense sur le compte d'effets à payer, il paraîtrait inutile de l'y faire figurer; on serait donc porté pour passer écriture de cette opération à écrire sur le journal, seulement à l'époque du paiement de la traite : Pierre à caisse pour acquit de sa traite de 1,000 fr.

Cela est encore inexact, parce que la destination des comptes généraux, qui est de représenter tout le mouvement du capital dans ses différens genres et espèces, est manquée.

En effet, quoique dans l'exemple précédent une même valeur se compense dans le compte d'effets à payer, il est pourtant utile qu'à l'époque où le comptable fera son inventaire, sache qu'elle y a passé.

Après avoir montré l'inconvénient de certaines abréviations qu'on pourrait employer dans la rédaction des écritures du journal, il est important de faire connaître celles qui sont claires et utiles. Ces abréviations dont je veux parler ici regardent le compte de profits et pertes et ses subdivisions.

Quelques comptes généraux sont en majeure partie établis d'après plusieurs opérations uniformes qui présentent toujours le même genre de pertes ou de bénéfices. Tel est, par exemple, le compte de lettres et billets à recevoir dans lequel il entre beaucoup d'effets pris à l'escompte, et dont il sort un grand nombre par la même voie.

Afin donc d'éviter de débiter ou de créditer le compte d'escompte à chaque mouvement qui a lieu dans le compte de lettres et billets à recevoir, ce dernier compte peut avoir sur le grand-livre deux colonnes, l'une intérieure dans laquelle se place le montant de l'effet, et l'autre extérieure où figure le montant net.

Par ce moyen un effet de 2,000 fr. pris sous l'escompte de 2 pour cent, pourra se passer sur le journal ainsi qu'il suit ;

Effets à recevoir à caisse.

2,000 fr. effet sur Paris, escompte 2 pour cent, 2,000 fr., 1,960 fr.

Parce qu'à une époque dont on voudra convenir, on prendra la différence totale des deux colonnes ainsi préparées sur le grand-livre, dans le compte de lettres et billets à recevoir, et cette différence se passera par profits et pertes ou par escompte.

Ce que je dis ici par rapport au compte de lettres et billets à recevoir peut s'appliquer à tout autre compte qui présenterait le même avantage.

Des livres auxiliaires.

Le Journal renferme toutes les opérations qui concernent le comptable ; et, sous ce rapport, c'est le livre fondamental.

Mais, parce que plusieurs articles d'écritures sont susceptibles d'éclaircissemens, de notes, de détails de toute espèce, et qu'il serait trop long d'indiquer ces accessoires sur le Journal, qui doit également s'écarter d'une trop grande concision, comme aussi d'une rédaction diffuse, on rejette ces détails dans d'autres livres, qu'on appelle par cette raison, livres auxiliaires.

On comprend même sous cette dénomination ceux qui servent de matériaux au Journal.

Il y en a donc de deux classes.

Les premiers d'après lesquels on établit les écritures du journal sont le copie de lettres et le livre de caisse, parce que toutes les affaires possibles se font ou par correspondance ou par troc.

Les autres sont plus ou moins nombreux, selon l'importance et la nature des affaires du comptable.

Il n'entre pas dans le plan de cet ouvrage de donner des explications sur la tenue de ces livres auxiliaires; montrer l'objet de leur institution, c'est mettre suffisamment sur la voie, pour leur donner la forme qui leur convient.

Considérés relativement au Journal, ils sont le développement complet des articles d'écritures auxquels ils se rattachent; considérés par rapport au grand livre, ils ont un autre but, c'est celui de régulariser l'entrée et la sortie des différens élémens des échanges.

Sous ce dernier point de vue, chacun des comptes généraux, ceux de profits et pertes exceptés, se composent de choses dont l'entrée et la sortie doivent être soigneusement établies sur les livres auxiliaires.

On peut dire que le nombre des livres

auxiliaires se proportionne au nombre des comptes généraux.

Si dans une maison de commerce, il existe un compte de lettres et billets à recevoir, il y aura par exemple un livre auxiliaire intitulé: *Enregistrement des Effets;* sur une feuille à gauche, les effets qui seront copiés dans leurs détails les plus essentiels, recevront un numéro d'ordre, afin de les retrouver facilement à l'époque de leur sortie, qui sera indiquée en regard sur la feuille à droite.

Supposant des comptes de marchandises, d'effets à payer, etc., on aura un livre auxiliaire d'entrée et de sortie de marchandises, un livre d'échéance, etc.

Comme dans toutes les maisons de commerce il y a nécessairement un compte de caisse, il y a toujours aussi un livre auxiliaire de caisse. Ce livre, tenu en forme de recette et de dépense par un caissier, renferme avec le copie de lettres les matériaux d'après lesquels on établit toutes les écritures sur le Journal.

Dans les maisons de banque, où il y a principalement un très grand mouvement d'espèces, on emploie un procédé qu'il est bon de pratiquer.

Le livre auxiliaire de la caisse devant former la majeure partie des écritures, on tient, d'après ce livre, un journal de caisse en parties doubles; alors le Journal général, dans ces maisons de banque, se subdivise en deux livres, l'un sur lequel se passent toutes les écritures de la caisse, et l'autre sur lequel se passent toutes les écritures tirées de la correspondance.

Non-seulement des livres auxiliaires sont établis pour servir d'éclaircissement au Journal et au Grand-Livre, mais il en existe encore dont le but est d'abréger les écritures de certaines opérations.

Tels sont, par exemple, les livres

auxiliaires de port de lettres, de frais de ménage, etc.

A l'aide de ces registres, toutes les petites dépenses de cette nature qui se font successivement, se trouvent réunies, et on peut, pour abréger, passer seulement à la fin de chaque mois ou de chaque trimestre, écriture de la totalité.

Du Grand-Livre.

J'ai déjà fait sentir la nécessité d'établir un Grand-Livre, parce que les écritures doivent être considérées sous deux points de vue, savoir, comme indices d'opérations qui se succèdent, et d'opérations classées dans les différens comptes auxquels elles appartiennent.

Tous les comptes qui paraissent sur le Journal n'y sont indiqués que pour les ouvrir sur le Grand-Livre.

Lorsque les comptes sont ouverts, on écrit chaque article du Journal sous le compte auquel il se rapporte, et du côté où il doit être inscrit.

Afin de marquer la correspondance du Journal au Grand-Livre, on prépare l'opération du *rapport* de la manière suivante :

En marge de l'indication des différens comptes sur le Journal, on tire un trait horizontal au-dessus duquel on écrit le folio du compte débiteur ouvert sur le Grand-Livre, et au-dessous le folio du compte créditeur.

D'une autre part, on pratique sur chaque compte du Grand-Livre, deux colonnes intérieures, dont l'une est destinée à recevoir le folio du Journal, et l'autre le folio du Grand-Livre où la partie double est rapportée.

Donnons un exemple de cette opération.

Article d'Ecriture du Journal.

F°. 5.

Janvier 1er.

1/6 Pierre à Marchandises générales. . . . . fr. 2,000.
A lui vendu 2 balles de café, montant à. . . . . fr. 2,000.

F°. 1. *Même article rapporté au Grand-Livre.* F°. 1.

DOIT. PIERRE. *AVOIR.*

Janv.	1	A March. gén.	5	6	2000								

F°. 6. DOIVENT. **MARCHANDISES GÉNÉRALES.** F°. 6. *AVOIR.*

						Janv.	1	Par Pierre.	5	1	2000	

Vous voyez que sur le Journal, le chiffre 1 placé au dessus du trait horizontal, indique que la somme de 2000 francs, dont Pierre doit être débité, est rapportée au Grand-Livre, folio 1, où est le compte de Pierre. J'en dis autant du compte de marchandises générales.

Sur le Grand-Livre, au compte de Pierre, on voit figurer au débit cette somme de deux mille francs. Dans une colonne est inscrit le folio du Journal, et dans une autre le folio du Grand-Livre où est ouvert la double partie du compte de Pierre, c'est-à-dire, le compte de marchandises générales.

On remarquera que le Grand-Livre ne comporte aucune espèce de détail, et cette pratique est fondée sur la raison, parce que chaque livre doit avoir sa fonction particulière.

La gradation des détails se trouve de cette manière adroitement ménagée; en effet, qu'on ouvre le Grand-Livre, on n'y verra pour chaque article que leur substance ; mais veut-on plus de détails ? on a recours au Journal. Enfin, si le Journal n'explique pas la chose dans tous ses développemens, on peut consulter les livres auxiliaires.

Afin de faciliter la recherche des comptes ouverts sur le Grand-Livre, on a un répertoire par ordre alphabétique.

On doit penser que les différentes classes de comptes généraux ayant des livres auxiliaires appropriés à leur nature, la classe des comptes personnels exige à son tour un autre livre auxiliaire.

Ce livre qui porte la dénomination de *Livre des comptes courants*, est un auxiliaire du Grand-Livre.

Tous les comptes personnels du Grand-Livre y sont établis ; les articles dont ils se composent s'inscrivent à mesure qu'ils se présentent dans la correspondance et avec les détails nécessaires; la plupart de ces comptes étant en outre susceptibles de compensation d'intérêts qu'il faut calculer, on pratique au débit et au crédit une colonne intérieure destinée à recevoir les intérêts de chaque somme correspondante.

Il est bon d'établir les comptes courants d'après la correspondance et non d'après le Journal, parce qu'en comparant un compte courant avec le même compte ouvert sur le Grand-Livre, si leur résultat est conforme, c'est une forte présomption de croire qu'il n'y a eu ni omissions ni erreurs dans les articles d'écritures du Journal qui se rapportent à ce compte.

J'ai traité successivement du Journal, du Grand-Livre, et de tous les livres auxiliaires, parce que l'exposition des principes de la comptabilité générale ne pouvait se faire autrement.

Cet ordre de succession dans les idées ne doit pas être observé dans la tenue des différens registres; ils doivent au contraire être tenus simultanément; et pour l'intérêt du comptable, il faut, autant qu'il est possible, qu'ils suivent de près la marche de toutes les opérations qui ont lieu. Quand les livres sont dans cette position, on dit, en termes d'écritures, qu'il sont à *jour*.

De la balance des livres en parties doubles.

Maintenant que j'ai parcouru toutes les branches du système de la tenue des livres en parties doubles, et que j'ai fait voir l'usage des différens registres au moyen desquels il peut être mis à exécution, il ne me reste plus qu'à examiner par quel procédé on peut établir l'inventaire du comptable, et déterminer ses profits ou ses pertes.

Il est clair que, pour entreprendre ce travail il faut d'abord que les livres soient à jour, afin que les opérations de commerce consommées jusqu'à l'époque de l'inventaire puissent concourir au résultat général.

Quelques réflexions préliminaires nous mettront sur la voie du procédé qu'il s'agit d'employer.

Il y a des règles générales, d'après lesquelles l'esprit doit se conduire dans tout ce qui fait le sujet de ses méditations ; il faut d'abord qu'il subdivise, dans ses élémens, l'objet qu'il étudie ; qu'il dispose ensuite les idées partielles qu'il s'est faites de la manière la plus propre à montrer leur génération, et qu'il les réunisse enfin dans un tableau, afin de tout voir avec clarté.

Dans la logique, on appelle *analyse* cette distribution méthodique des différentes idées qu'un sujet comporte, et on appelle *synthèse* l'opération par laquelle on revient des idées secondaires à celles dont elles doivent dépendre toutes.

Ce n'est donc pas assez d'analyser un objet pour le connaître parfaitement, il faut encore le soumettre à la synthèse.

Si nous faisons l'application de ce

principe à l'art de tenir les livres, nous verrons que la détermination, faite sur le Journal, des différens comptes dans lesquels doivent se classer les élémens de chaque échange, est une analyse proprement dite.

Or, comme par cette analyse, le compte de capital a été divisé en deux classes de comptes; savoir, les comptes personnels et les comptes impersonnels, lesquels se composent à leur tour des comptes généraux et des comptes de profits et pertes distribués par genres et espèces, il faut, par la synthèse, qui est l'opération contraire, résoudre tous ces comptes subsidiaires dans celui de capital.

Cette réduction progressive de tous les comptes dans celui de capital s'opère à-la-fois par deux moyens; le premier consiste à faire passer dans le compte de profits et pertes ou dans les comptes de cette espèce, tous les genres de profits ou de pertes que comporte le résultat de de chaque compte, et l'autre à supposer que le solde net de chaque compte passe à son tour par échange dans celui qui est de son genre immédiat, et ainsi en remontant de proche en proche, jusqu'à celui de capital.

Le compte de capital amené à ce point, présentera un tableau succinct de la position du comptable, car son débit se composera de tous les soldes de comptes débiteurs, et son crédit de tous les soldes de comptes créditeurs; de plus les bénéfices ou les pertes du comptable seront déterminés selon que le solde de ce compte figurera au débit ou au crédit du compte de capital.

Enfin le compte de capital devra se balancer; c'est-à-dire, que la somme totale du débit sera égale à la somme totale du crédit.

En effet, chaque article d'écritures du Journal forme une équation dont les membres sont portés par débit et crédit sur le Grand-Livre; donc, en réunissant les membres débiteurs et les membres créditeurs, ils doivent donner une équation générale.

Remarquez que les différentes opérations par lesquelles on procède à la balance, doivent être consignées sur le Journal, afin de conserver à ce dernier livre sa fonction particulière qui est d'indiquer tous les mouvemens des articles du Grand-Livre.

Pour donner quelqu'évidence aux principes que je viens d'exposer, je vais en faire l'application à chacun des comptes des trois classes principales de l'échelle générale.

Comme par l'opération même de l'inventaire, le compte de profits et pertes et ses espèces, doivent recevoir le tribut des profits ou des pertes des autres comptes, ils doivent être mis les derniers en réserve pour les solder par le compte de capital.

On commencera donc par la classe des comptes personnels; celle des comptes généraux viendra ensuite, et la balance de tous les comptes se terminera par la classe des comptes de profits et pertes.

Je suppose un compte personnel qui, par les additions des sommes du bébit et du crédit sur le Grand-Livre, serait dans la position suivante :

DOIT.	PIERRE.	*AVOIR.*
f. 4,000.	. . . .	f. 3,000

Il résulte qu'en prenant la différence de ces deux sommes, Pierre reste débiteur de mille francs.

On vérifiera si ce solde du Grand-Livre est conforme à celui que présente le compte de Pierre au livre des comptes courants, et dans le cas où les deux livres ne seraient pas d'accord, on recherchera l'erreur qui a dû se glisser dans l'un ou l'autre pour la rectifier.

Pour justifier à Pierre de sa dette, on lui envoye une copie de son compte dressé d'après le livre des comptes courans. C'est alors qu'on règle la compensation des intérêts des sommes payées et reçues pour son compte; que l'on prélève une commission sur la totalité des opérations qui en sont susceptibles; qu'on se rembourse des ports de lettres occasionnés par la correspondance, et qu'on se fait tenir compte de tous les frais qu'on est en droit d'exiger. Admettons, par exemple, que Pierre supporte une commission de vingt francs, qu'il doive pour intérêt quinze francs, et que les ports de lettres soient de six francs. Tous ces frais seront ajoutés à son débit sur le livre des comptes courans, et afin qu'ils figurent aussi sur le Grand-Livre et que le solde net de son compte soit porté au compte de capital, on passera sur le Journal un article ainsi conçu :

Divers à divers, pour réglement et balance du compte de Pierre.

Capital, solde du compte de Pierre porté à ce compte.	f. 1,041
Pierre, pour frais au réglement de son compte. . .	41
	f. 1,082

A Pierre, pour solde de son compte.	f. 1,041
A commission, pour commission, suiv. compte courant.	20
A intérêts, pour intérêts, *id.*	15
A dépenses générales pour ports de lettres.	6
	f. 1,082

Vous voyez qu'en rapportant ces articles au Grand-Livre, le compte de Pierre se balancera. Il faudra clore le compte de la manière suivante :

DOIT.	PIERRE.	*AVOIR.*
f. 4,000		f. 3,000
41 à divers.	par capital.	1,041
f. 4,041		f. 4,041

Ce que j'ai fait à l'égard du compte de Pierre, doit s'entendre pour tous les autres comptes de cette classe.

Plusieurs ne supporteront aucuns frais, et ceux-là se balanceront immédiatement par le compte de capital.

Passons maintenant aux comptes généraux.

Les comptes généraux devant être ramenés au compte de capital par progression d'espèce au genre, on soldera d'abord les comptes généraux de dernière espèce.

D'après notre tableau, ces comptes seront pour les marchandises, ceux de café, de sucre, de cotons, etc. : pour les lettres-de-change, ceux d'effets à recevoir, et ceux d'effets sur les places étrangères.

Le compte de café, par exemple, sera supposé de la forme suivante sur le Grand-Livre.

DOIVENT.	CAFÉS.	*AVOIR.*
f. 10,000		f. 4,000

Si tous les cafés étaient vendus à l'époque de l'inventaire, la différence de ces deux sommes indiquerait une perte de six mille francs qui solderait le compte par celui de marchandises *générales*; mais pour s'assurer de l'état de l'entrée et de la sortie de cette espèce de marchandise, il faut auparavant consulter le livre auxiliaire qui s'y rapporte.

Or, en compulsant le livre d'entrée et de sortie des marchandises, je trouve sous le titre café, trente balles de café qui sont encore en magasin.

Pour déterminer le profit ou la perte du compte de café, il faut nécessairement que j'assigne une valeur monétaire aux trente balles invendues; les supposant du poids de 100 liv chaque, j'aurai 3,000 liv. de café à évaluer, et afin de ne pas leur donner une valeur imaginaire, je déterminerai le prix de la livre de café d'après le cours auquel je pourrais les vendre; supposons ce prix de 2 f. 25 c. la livre; les 3,000 liv. vaudront 6,750 f.

Maintenant je pourrai balancer le compte de café, et je passerai l'article suivant sur le Journal.

Divers à divers.

Balance du compte de café.

Marchandises générales, pour transport à ce compte de 30 balles de café, évaluées. . .	f. 6,750
Café, bénéfice sur ce compte.	750
	f. 7,500
A café, pour balance de ce compte.	f. 6,750
A profits et pertes, pour transport à ce compte du bénéfice du compte de café.	750
	f. 7,500

Observez que le compte de café se balance et que le profit qu'il donne est porté au compte de profits et pertes.

Voyons maintenant le compte de marchandises générales.

DOIVENT.	MARCH. GÉN.	AVOIR.
f. 15,000 add. du G.-L.		add. du G.-L. f. 8,000
6,750 à café.		
f. 21,750		f. 8,000

Non seulement il y a dans ce compte 30 balles de café invendues ; mais les livres auxiliaires démontrent qu'il existe des marchandises générales en magasin qu'on peut évaluer à 8,000 fr.

On écrira donc sur le Journal :

.Divers à Divers.

Balance du compte de marchandises générales.

Capital, pour solde du compte de marchandises générales.	f. 14,750
Marchandises générales, bénéfice de ce compte. . .	1,000
	f. 15,750

A marchandises générales, transport du solde de ce Cte.	8.000 6,750	f. 14,750
A profits et pertes, bénéfice du compte de marchandises générales.		1,000
		f. 15,750

Par ce moyen le compte de marchandises générales se balance et le compte de capital reçoit la valeur des marchandises générales y compris celle des cafés.

Je ne veux pas multiplier inutilement les exemples de balance de comptes généraux : il convient seulement de faire remarquer que, dans cette opération, les Livres auxiliaires jouent un rôle important, et qu'ils doivent par cette raison être tenus avec la plus grande régularité.

Beaucoup de comptes se composent de choses qui, par leur nature, ont une valeur déterminée ; telles sont, par exemple, les lettres de change : ainsi donc les comptes d'effets de tous genres se solderont, en ajoutant au crédit le montant des effets qui sont en portefeuilles, et en débitant du même montant le compte de capital.

Le compte d'effets à payer sera au contraire débité du montant des effets qui restent en circulation, parce que, par la nature de ce compte, les objets dont ils se composent sortent d'abord pour rentrer ensuite.

Il me reste à parler de la balance des comptes de la classe de celui de profits et pertes, mais je pense que le lecteur me devinera ; il sentira facilement que les comptes de frais de ménage, frais de voyage, etc. doivent être balancés par dépenses générales, que celui-ci avec ceux de commission, d'intérêts etc., doivent être balancés par le compte de profits et pertes, et que le solde de ce dernier compte est enfin porté au compte de capital.

Tous les comptes du Grand Livre

seront balancés par le compte de capital qui se balancera lui-même, et qui aura par exemple la forme suivante :

DOIT.	CAPITAL.		AVOIR.
f. 1,000	à Pierre.	Par eff. à payer	f. 2,000
2,000	à march. génér.	Par Jacques. .	1,000
1,500	à effets à recev.	Par profits et p.	5,500
4,000	à caisse.		
f. 8,500			f. 8,500

Le débit de ce compte représente d'une manière succincte l'actif du comptable et le crédit son passif, c'est-à-dire que le comptable possède en marchandises, en effets et en argent 7,500 f. à quoi il faut ajouter la dette de Pierre. 1,000

8,500

D'un autre côté il a des effets en circulation et une créance de Jacques, formant ensemble. . . . . 3,000 f.

Reste pour son bénéfice. 5,500

8,500

qui

qui sont déterminés par le compte de profits et pertes.

Tous les comptes du Grand Livre étant balancés, les livres auxiliaires doivent l'être à leur tour.

Des moyens de faire disparaître les erreurs qui auraient pu se glisser dans la tenue des Livres, et de s'assurer qu'il n'y a point eu d'omissions.

Il ne suffit pas que la tenue des livres détermine, d'une manière claire et lumineuse, la position du comptable, il faut encore qu'elle soit soumise à des procédés préparatoires d'après lesquels on puisse être assuré qu'elle est exempte d'erreurs et d'omissions.

Le caractère de la régularité des livres réside principalement dans l'égalité qui doit exister comme je l'ai démontré, entre la réunion des sommes portées au débit de tous les comptes du Grand

Livre et celle des sommes portées au crédit.

Une feuille de papier sera préparée pour recevoir les sommes additionnelles de chaque compte en débit et crédit.

Si les sommes réunies des comptes débiteurs ne sont pas égales aux sommes réunies des comptes créditeurs, la différence décèle nécessairement des erreurs.

Ces erreurs peuvent avoir trois sources différentes :

1°. Quelques-unes des additions des articles d'écritures sur le Journal peuvent être fautives.

2°. Il peut arriver que quelques sommes rapportées du Journal au Grand Livre ne soient pas comme elles doivent l'être parfaitement identiques, ou que celles qui devraient être au débit d'un compte se trouvent par erreur portées au crédit, *et vice versâ*.

3°. Enfin on peut s'être trompé dans

l'addition des sommes de tous les comptes du Grand Livre.

Ainsi, lorsque l'égalité entre le débit et le crédit de tous les comptes du Grand Livre n'aura pas lieu, on vérifiera les additions partielles du Journal ; on pointera sur le Grand Livre chaque somme reconnue conforme avec le Journal, et on fera une seconde fois les additions du Grand Livre.

Ce travail est long et fastidieux ; mais, pour n'être pas exposé à le recommencer, il faut le faire avec beaucoup de soin. En rectifiant les erreurs à mesure qu'on les découvre, on arrive enfin à l'équation cherchée.

Cette équation pourrait néanmoins exister, sans qu'on eût encore les données nécessaires pour tirer la conséquence qu'il n'y a ni erreur, ni omission.

Supposons, par exemple, qu'un article ainsi conçu sur le Journal :

Lettres et billets à recevoir à Pierre, sa remise en un effet de mille francs sur Paris.. . . . . 1.000 f.

Soit rapporté par erreur en sens inverse sur le Grand Livre, c'est-à-dire que la somme de mille francs figure au débit du compte de Pierre, et au crédit du compte de lettres et billets à recevoir.

Il est clair que la partie double n'étant pas rompue, l'addition des sommes du Grand Livre ne fera rien découvrir.

Mais ce genre d'erreur se reconnaîtra dans l'examen particulier du compte de lettres et billets à recevoir dont le solde sur le Grand Livre ne se trouvera pas conforme au montant des effets en porte-feuille, ou bien ce sera Pierre qui ne manquera pas d'indiquer une erreur à son préjudice.

Les omissions se découvriront par le même moyen, car en supposant qu'on ait oublié de passer écritures d'une remise de Pierre, la vérification de l'entrée et de la sortie du compte de lettres et billets à recevoir montrera l'omission.

En conséquence, pour qu'on ait la certitude que les livres ont été tenus avec la plus grande régularité, il faut que le dépouillement de tous les comptes généraux à l'aide des livres auxiliaires soit fait; que les comptes courants soient reconnus d'accord par chacun des négocians en relation avec le comptable, et enfin que les sommes du débit des comptes du Grand Livre se trouvent en équation avec les sommes du crédit de ces comptes.

Tout ce travail doit précéder l'opération de l'inventaire, afin qu'en soldant tous les comptes on puisse être assuré que le compte de capital qui les renferme tous, soit exact et se balance lui-même; ce qui est l'indice d'un inventaire exempt d'erreurs et d'omissions.

C'est par une espèce de fiction que

les comptes du Grand Livre se trouvent balancés, et que leurs soldes sont réunis dans le compte de capital, car Pierre doit toujours figurer sur les livres du comptable comme débiteur de 1,000 francs qu'il n'a pas acquittés : le compte de marchandises générales doit rester débiteur de 2,000 francs, pour évaluation des marchandises qui ne sont pas vendues, et ainsi des autres comptes.

Lorsque l'inventaire est établi, il convient donc de faire reparaître à nouveau les soldes de comptes qu'on avait portés au compte de capital.

Par cette opération, on revient de la synthèse à l'analyse : on décompose le compte de capital en d'autres comptes qu'il renferme par progression de genres et espèces.

Pour faire reparaître à nouveau les soldes de compte que présente le compte de capital, on passera, par exemple, l'article suivant sur le Journal :

Divers à divers.

Pierre, solde de son compte à nouveau.	f. 1,000
Marchandises génér., solde de ce compte à nouveau. . . .	2,000
Effets à recevoir, *idem*. . .	1,500
Caisse, *idem*.	4,000
	f. 8,500

A Jacques, solde de son compte à nouveau.	f. 2,000
A effets à payer, solde de ce compte à nouveau.	1,000
A profits et pertes, *idem*. .	5,500
	f. 8,500

Puis subdivisant chaque compte par ceux qui sont d'une espèce immédiatement inférieure, on passera, par exemple, l'article suivant :

Café à marchandises générales pour solde du premier compte à nouveau. f. 500

Ainsi de suite pour les autres comptes qui comprennent des espèces.

Lorsque tous les comptes seront rouverts, les écritures postérieures à l'inventaire reprendront leur cours jusqu'à ce qu'on en établisse un autre; mais il est nécessaire de faire une remarque; c'est que, dans ce second inventaire, le compte de profits et pertes représentera les profits ou les pertes qui résulteront du premier et du second inventaire.

Supposant par exemple qu'au second inventaire le compte de profits et pertes fût créditeur de 10,000 francs, il ne faudrait pas en inférer que ces 10,000 f. sont le bénéfice du second inventaire seulement, mais qu'aux 5,500 francs de bénéfice du premier inventaire il faut ajouter 4,500 francs du second, ce qui forme les 10,000 francs.

Par la raison que tous les comptes du Grand Livre sont ouverts à nouveau, on conçoit que tous les livres auxiliaires qui avaient été balancés doivent présenter leur solde à nouveau, pour être tenus d'après le même mode qu'on avait suivi.

Dans les traités de tenue de livres publiés jusqu'à ce jour, le compte de capital a une destination différente de celle que je lui ai donnée : tous les auteurs le considèrent comme une classe d'un genre au-dessus de profits et pertes, et ils ont imaginé un compte de balance qui leur sert à solder tous les comptes ; de sorte que ce que j'ai dit du compte de capital devrait, selon leurs idées, s'appliquer au compte de balance, et que dans un inventaire fait à leur manière, le compte de profits et pertes serait remplacé par le compte de capital.

Je n'ai pas cru devoir m'assujettir à cette classification qui me paraît contraire à la nature des choses : le compte de capital est, par sa dénomination même, susceptible d'indiquer une classe prise dans la plus grande généralité, et imaginer un autre compte dont il soit l'espèce ; c'est selon moi mettre dans la tenue des livres une cheville tout-à-fait inutile.

L'opération de la balance et du report des comptes à nouveau se fait ordinairement tous les ans dans les maisons de commerce : elle a lieu encore en cas de liquidation, ou lorsque le Grand Livre étant rempli d'écritures, il est nécessaire d'en avoir un neuf ; enfin elle pourrait se faire à la convenance du comptable, mais on doit sentir qu'il serait superflu d'établir l'inventaire trop fréquemment et sans un motif réel. Cette opération est encore une de celles qui sont subordonnées aux affaires du comptable : dans une très-forte maison de commerce, il conviendra de faire la balance tous les semestres ou tous les trimestres, tandis que dans d'autres maisons où les affaires ont peu d'étendue, on pourra, sans inconvénient, retarder plus longtems ce travail.

SECONDE PARTIE.

Application de la méthode en parties doubles aux opérations de commerce autres que celles que le comptable dirige lui-même pour son compte.

J'ai distingué, au commencement de la première partie, plusieurs classes d'opérations de commerce, et pour plus de simplicité, les principes de la tenue des livres ont été développés en les appliquant seulement aux opérations dirigées par le comptable pour son compte.

Il s'agit maintenant d'examiner les modifications qu'il convient de faire à notre système pour chacune des branches d'opérations de commerce qui peuvent avoir lieu.

Je traiterai de ces opérations séparément, mais je dois faire remarquer que, dans la pratique, elles peuvent se croiser l'une l'autre, et qu'elles se succèdent enfin sans autre ordre que celui que leur assigne le moment de leur exécution. Les articles d'écritures qu'elles déterminent, s'inscrivent sur le Journal dont nous avons traité, et tous les autres registres auront à leur égard la fonction qu'ils ont reçue.

Comme dans les opérations que nous allons examiner, il existe les mêmes élémens d'échanges, le principe de la partie double subsiste fondamentalement : les modifications d'écritures ne peuvent porter que sur le genre de comptes généraux et de comptes personnels que cette nouvelle considération doit faire naître, et sur la forme particulière qu'il convient de donner à ces comptes.

Pour déterminer la nature de ces différens comptes, établissons d'abord d'une manière précise les différentes classes d'opérations de commerce qui peuvent exister par rapport à la comptabilité;

tabilité ; je les reprendrai ensuite séparément, et je ferai connaître le mode d'écritures convenable à chacune.

1°. Une opération ayant lieu pour le compte du comptable, elle peut être dirigée ou par *lui-même* ou par Pierre, *négociant*, en relation avec lui, ou enfin par une *société* dont il est membre.

2°. Une opération ayant lieu pour le compte de Paul, en relation avec le comptable, elle peut être dirigée par le *comptable* : ou par *Jacques* en relation avec le comptable, ou enfin par une société dont le *comptable* est membre.

3°. Une opération ayant lieu pour le compte d'une société dont le comptable est membre, elle peut être dirigée ou par le *comptable*, ou par *Paul* en relation avec le comptable, ou par un *co-intéressé*.

On voit par cette analyse qu'il ne peut exister que neuf branches d'opérations différentes qui se rattachent à trois divisions principales que nous allons examiner successivement.

Opérations faites pour le compte du comptable.

Lorsque ces opérations sont dirigées par le comptable lui-même, on a un système de tenue de livres tel que celui que j'ai exposé dans la première partie.

Je ne pourrais donc rien ajouter ici qui ne fût superflu sur cette espèce de comptabilité, et je passerai à l'examen des opérations faites par un commettant du comptable.

Toutes les opérations de ce commettant peuvent être ramenées à deux actions : recevoir et donner : il est débiteur du comptable quand il reçoit une valeur, et il est son créancier dans le cas contraire.

Ces dettes et ces créances réciproques seront portées dans un compte sur le Grand Livre ; et pour indiquer qu'elles ont eu lieu pour le compte du comptable, on mettra à côté du nom du commettant ces mots : *mon compte*, qui s'écrivent ainsi par les lettres initiales M.-Cte.

On conçoit qu'il peut exister plusieurs comptes personnels de cette nature, lorsque le comptable ayant des relations très-étendues, multiplie ses ordres d'achats et de ventes dans différentes villes.

Voilà donc, pour la classe d'opérations que nous examinons ici, une distinction de comptes personnels ; il y en a également une à faire pour les comptes généraux.

En effet, quoique les objets sur lesquels opèrent les commettans appartiennent au comptable, il est important de ne pas les faire figurer dans les comptes généraux qui représentent ceux que le comptable possède lui-même.

On ouvrira donc une classe de comptes généraux qui seront distingués des autres par ces mots, *en direction* ; on aura des comptes de *marchandises en direction ; de lettres et billets à recevoir en direction*, etc. pour tous les objets confiés par le comptable à des commettans.

Remarquons cependant que l'institution de pareils comptes n'est utile que lorsqu'il existe plusieurs comptes de commettans, et que les opérations qui leur sont confiées peuvent avoir une longue durée, car si par exemple le comptable n'avait des relations de la nature de celles dont il est question qu'avec Paul seulement, les objets sur lesquels ce dernier opérerait pourraient sans confusion être portés dans les comptes généraux ordinaires.

Les comptes des commettans doivent être considérés sous deux points de vue différens, selon que la monnaie avec laquelle ils évaluent les opérations qui leur sont confiées est semblable ou non à celle du comptable.

Lorsque la monnaie est semblable à

celle du comptable, les dettes et les créances se trouvent déterminées sans difficultés ; mais lorsque la monnaie est différente, il faut faire usage d'un procédé particulier.

Si l'on se rappelle ce que j'ai dit dans l'introduction de cet ouvrage sur les échanges, on verra que, pour faire figurer sur les livres du comptable, les opérations dirigées par les commettans, il faut que la monnaie étrangère dont ils peuvent se servir, soit rapportée à la monnaie du comptable qui est la mesure commune de tous les échanges.

On pratique à cet effet deux colonnes dans les comptes de cette nature, l'une intérieure où se place la monnaie du commettant, l'autre extérieure où l'on met à côté de chaque somme étrangère son équivalent en monnaie du comptable.

Il y a des cas où cette conversion de monnaie se trouve déterminée par la nature même de l'opération.

Dans toutes les autres circonstances, on évaluera la monnaie étrangère d'après le cours du change.

Que Pierre d'Amsterdam ait acheté par exemple pour 4,000 florins de banque de café, on écrira sur le journal : Marchandises en direction à Pierre d'Amsterdam M.-Cte. pour son achat de café montant à B^{o}. flor. 4,000 à 58 den. de gros. f. 8,275 86 c.

En rapportant cet article au Grand Livre, les 8,275 f. 86 cent. figureront au débit du compte de marchandises générales en direction et au crédit du compte de Pierre ; on mettra dans la colonne intérieure de ce dernier compte B^{o}. flor. 4,000, et dans la colonne extérieure, les 8,275 f. 86 c.

Lorsque le compte de Pierre se réglera, il pourra se faire que les colonnes intérieures étant balancées, les colonnes extérieures ne le soient pas, à cause de la variation des changes.

Cette différence des colonnes extérieures se passera par profits et pertes. En effet, si cette différence existe en moins dans le compte de Pierre, elle existera en plus dans les différens comptes généraux en direction dont les bénéfices où les pertes passent à l'inventaire au compte de profits et pertes.

C'est donc rétablir l'équilibre que de balancer ainsi les colonnes extérieures du compte de Pierre.

Faisons maintenant l'application de la théorie que je viens d'établir à quelques exemples : il suffira d'indiquer comment les articles doivent se passer sur le Journal.

1°. J'envoie 3 balles de coton à Pierre d'Amsterdam pour qu'il les vende pour M.-Cte. : écritures :

Marchandises en direction à marchandises générales, mon envoi à Pierre d'Amsterdam de 3 balles de coton évaluées à 3,000 fr.

2°. Pierre d'Amsterdam remet la

compte de vente qui monte net à 1600 flor. cour., *écritures :*

Pierre d'Amsterdam M.-Cte. à marchandises en direction. Compte de vente de 3 balles de coton montant net à 1,600 flor. cour. à 56 den. de gros. f. 3,428 57. c.

3°. Pierre d'Amsterdam remet la valeur de 1,600 flor. cour. en deux effets sur Paris de 2,000 f. et 1,413 f. 33 c. ensemble 3,413 f. 33 à 56 $\frac{1}{4}$: *écritures :*

Lettres et billets à recevoir à Pierre d'Amsterdam M.-Cte. sa remise.

N°. 1. f. 2,000 » } sur Paris, à 56 $\frac{1}{4}$.
2. 1,413 33 } 1,600 flor. cour. f. 3,413 33

Opération faite pour le compte d'un négociant en relation avec le comptable.

Il y a deux cas : le premier, lorsque le comptable dirige lui-même des opérations pour le compte d'un négociant ; le second, lorsque, pour des opérations semblables, le comptable emploie un commettant.

Dans ce second cas se trouvent liées deux sortes d'opérations, celles qui ont été examinées dans le chapitre précédent, et celles que je dois traiter ici : en effet le comptable étant intermédiaire dans les opérations ordonnées d'un côté et exécutées de l'autre, est agent par rapport au négociant, et reprend le rôle de comptable par rapport au commettant qu'il emploie,

Il suffit donc d'expliquer comment il convient de traiter les opérations où le comptable est simplement agent, pour voir ce qu'il faudrait faire quand il est à la fois agent et comptable.

On peut distinguer trois sortes de mouvemens dans le genre d'opérations que nous examinons ici : le comptable est chargé lui-même ou médiatement par voie d'agent, 1°. ou de l'achat seulement, 2°. ou de la vente seulement, 3°. ou enfin de l'achat et de la vente.

Comme les objets sur lesquels le comptable opère ne lui appartiennent point, on pourrait réduire ces mouvemens différens à un principe unique d'écritures, qui consisterait à débiter ou créditer le négociant pour le compte duquel se font toutes les opérations, selon qu'il y aurait achat ou vente : alors les comptes généraux du comptable se trouveraient liés au compte du négociant, quand le comptable opérerait lui-même, et quand il emploierait un agent, le compte de cet agent ferait la partie double du compte du négociant.

Mais il importe cependant que les échanges faits pour le compte du négociant, par le comptable, soient portés dans une classe particulière. Cette méthode, qu'indique l'analyse, sera plus convenable, en ce qu'elle montrera le mouvement des différens objets passés entre les mains du comptable.

On ouvrira donc des comptes généraux en commission par genres et espèces, et cette désignation particulière servira pour les distinguer des autres comptes généraux.

Examinons le mode d'écritures qu'il convient d'adopter dans la supposition des trois cas rapportés plus haut.

Premier Cas. *Pour l'achat seulement.*

Puisque le comptable est supposé chargé seulement de l'achat, c'est admettre qu'il remettra au négociant les objets achetés pour son compte. Dans une opération de ce genre, il faut distinguer trois choses : 1°. l'achat ; 2°. l'avis que donne le comptable au négociant de l'achat fait pour son compte; 3°. la remise de l'objet acheté. *Ecritures.*

Pour l'achat : comptes généraux en commission, à comptes généraux du comptable.

Pour l'avis de l'achat : Paul S.-Cie. à fonds en commission.

Pour la remise : fonds en commission, à comptes généraux en commission.

Deuxième Cas. *Pour la vente seulement.*

Le comptable étant chargé seulement de la vente, a dû recevoir du négociant les objets à vendre pour son compte : les écritures sont à l'inverse de celles pour l'achat.

Si le comptable reçoit des marchandises, il ne peut en faire l'entrée sur ses livres, parce qu'elles n'ont aucune valeur déterminée. Il en fera donc d'abord la sortie à mesure des ventes : les écritures seront : Comptes généraux du comptable à marchandises en commission, et lorsque toutes les ventes d'un envoi de marchandises seront consommées, on débitera le comte de fonds en commission par le crédit du compte du négociant auquel elles appartiennent, et on créditera le compte de fonds en commission par le débit de marchandises en commission.

Troisième

Troisième Cas. *Pour l'achat et la vente.*

Les écritures pour l'achat et la vente sont faciles à établir, d'après les principes que nous avons exposés.

Pour l'achat :

Comptes généraux en commission à comptes généraux.

Pour l'avis de l'achat :

Paul S.–Cte. à fonds en commission.

Pour la vente :

Comptes généraux à comptes généraux en commission.

Pour l'avis de la vente :

Fonds en commission à Paul S.–Cte.

Pour toutes les opérations faites par l'agent du comptable, on substituera le compte de l'agent aux comptes généraux du comptable.

Si l'agent a une monnaie étrangère, son compte sera tenu en double colonne.

Remarquez que les comptes généraux en commission ne doivent se solder qu'à l'époque de l'inventaire général, par le compte de capital.

Opérations faites de compte en participation.

Cette espèce de comptabilité renferme en elle-même toutes les difficultés qui peuvent se présenter dans la théorie de la tenue des livres. Il n'est donc pas étonnant que, sur une matière compliquée, il ait paru diverses méthodes, et que l'usage n'ait pas encore fait connaître laquelle mérite la préférence. Chez un négociant, l'on verra par exemple, pour des opérations de cette nature, des comptes établis en plusieurs colonnes; chez d'autres, où cette méthode n'est pas encore reçue, on emploie différens procédés, selon les différens modes de gestion. Enfin, il n'y a peut-être pas deux maisons de commerce où ces sortes de comptes soient tenus exactement d'après les mêmes principes.

Malgré ma répugnance pour les innovations, j'ai cru devoir proposer mes vues particulières sur un sujet traité de tant de manières différentes. Par cela même qu'il n'existe pas de méthode généralement consacrée pour tenir les comptes en participation, la mienne ne peut être dangereuse, et un lecteur attentif pourra toujours, en l'étudiant avec soin, comprendre fort aisément toutes les autres, et donner la préférence à celle qui lui paraîtra la meilleure.

Pour trouver une méthode de tenir les comptes en participation, il convient d'abord d'examiner quels sont les élémens constitutifs d'une association momentanée de plusieurs comptables.

Il est évident que chacun des membres de l'association ne doit agir que du consentement de tous, ou pour s'exprimer autrement, ces co-associés, étant dans leurs opérations subordonnés les uns aux autres, ils forment partie intégrante d'un être collectif auquel tous leurs actes se rapportent.

Cet être collectif prend le nom de *compte social*, et les membres qui le composent sont des co-associés.

Dès l'instant que plusieurs comptables se réunissent en société, il se forme entr'eux une existence relative qui dure jusqu'à l'expiration de la société.

Ce qui distingue les comptes en participation d'avec une comptabilité entièrement régie par plusieurs intéressés, c'est que les premiers comptes reposent sur des opérations particulières et momentanées, et que l'autre comptabilité embrasse toutes les opérations entreprises par une société permanente.

Les objets qui entrent en spéculation dans la société que nous considérons ici, n'appartiennent à aucun co-associé en particulier; ils appartiennent solidairement au compte social.

Il résulte que, dans un compte en participation, il ne peut y avoir d'acte figuré sur les livres, que lorsqu'un ou plusieurs co associés, opérant au nom du corps social, exercent cet acte envers un négociant étranger à l'association.

Lorsqu'un des associés, par exemple, achète des marchandises pour le corps social, c'est un acte dont il convient de faire mention dans la comptabilité sociale; mais s'il remet ensuite ces marchandises à un autre co-associé, ces marchandises n'étant pas sorties du compte social, l'envoi qui a eu lieu est réputé nul : le corps social n'a fait que changer de lieu les marchandises, dans les vues conformes à ses intérêts.

Quelquefois un co-associé opérera avec le corps social, mais c'est qu'alors il est, dans cette opération, considéré tout-à-la-fois comme co-associé et comme comptable.

Ces principes étant posés, voyons comment nous pourrons établir une comptabilité sociale pour un co-associé.

L'objet que doit se proposer un co-associé dans l'établissement de la comptabilité sociale, se réduit à connaître, d'une part, tous les objets qui forment la matière des opérations entreprises par la société, et à voir, d'une autre part, le mouvement des recettes et des dépenses qui a eu lieu entre les co-associés à l'occasion du compte en participation.

Pour le premier objet, des comptes généraux concernant la société, devront être ouverts et distingués de ceux qui regardent le comptable.

Fonds en société sera donc la réunion de tous les objets sur lesquels les co associés auront pu opérer.

Les objets devant, selon les circonstances, être distribués par genre et espèce, le compte de fonds en société se subdivisera en d'autres comptes qui auront aussi la désignation particulière de comptes en société.

Ce premier point rempli, passons à l'autre.

Non-seulement il est essentiel que le comptable connaisse l'état de ses recettes et de ses dépenses particulières relatives au compte social, mais il doit avoir aussi un état semblable de toutes les opérations faites par lui et ses co-associés : il faut, en outre, que ces différens comptes soient réunis, afin que toutes les opérations se présentent dans leur ensemble et dans leurs subdivisions.

Pour parvenir à ce but, il y aurait un moyen fort simple, ce serait d'ouvrir un compte en participation, qui, par débit et crédit, renfermerait autant de colonnes qu'il y aurait de co-associés. Ces colonnes recevraient les sommes reçues ou versées par chaque co-associé, lesquelles sommes étant répétées dans une colonne extérieure, présenteraient la masse entière des versemens et des recettes.

Mais ce procédé serait impraticable dans bien des circonstances. Si par exemple les co-associés étaient au nombre de six, le Grand-Livre n'aurait pas assez de largeur pour les développemens d'un compte tenu de cette manière.

Pour obvier à cet inconvénient, voici le moyen qui me paraît être nécessaire.

Dans le compte en participation sur le Grand-Livre, je pratique seulement deux colonnes, l'une intérieure, l'autre extérieure.

La colonne extérieure renferme tous les versemens et toutes les recettes des co-associés, excepté le comptable, et la colonne intérieure, les recettes et les dépenses du comptable.

Cette distinction est fondée sur ce que les opérations du comptable étant liées au compte social par les comptes généraux, les sommes ne doivent pas, afin d'éviter double emploi, figurer dans la colonne extérieure du compte en participation.

D'après cette disposition, les opérations sont vues dans leur ensemble, mais elles ne sont pas réparties sur chaque associé.

Afin d'obtenir cet avantage, on ouvrira dans le livre des comptes courants un compte à chacun des co-associés.

Ainsi, par cette méthode, le Grand-Livre offre la totalité des opérations sociales, et le livre des comptes courants offre ces mêmes opérations subdivisées pour chaque co-associé, excepté le comptable.

Tant que la comptabilité des co-associés sera tenue dans la même monnaie que celle du comptable, la méthode indiquée pourra se pratiquer avec la plus grande facilité.

Il s'agit d'examiner le cas où la monnaie d'un ou de plusieurs co-associés serait différente.

Dans cette supposition, on établira

sur le livre des comptes courants, deux colonnes, l'une intérieure, dans laquelle sera portée la monnaie étrangère, l'autre extérieure, où figurera l'évaluation de cette monnaie en celle du comptable.

Cette évaluation, dans quelques circonstances, sera déterminée par l'opération même, d'autres fois elle ne le sera pas. Dans ce dernier cas, on fixera un cours arbitraire, afin que la monnaie étrangère soit sur-le-champ convertie.

D'après ce procédé, les deux colonnes du livre des comptes courants seront constamment remplies; et sur le Grand-Livre, où l'emploi de ces deux colonnes est inutile, on pourra toujours porter en monnaie du comptable l'évaluation des monnaies étrangères.

Ces matériaux étant ainsi ordonnés, voyons l'usage que nous en ferons pour passer des écritures d'opérations sociales.

A cet effet, il faut jeter un coup-d'œil général sur les différens modes de gestion d'une pareille comptabilité.

La gestion d'une comptabilité sociale peut se faire ou par le comptable lui-même, ou par voie de co-associés, ou enfin par voie d'agent.

Examinons comment, dans ces différens cas, nous passerions les écritures, d'après le système établi.

1°. Si le comptable opère au nom de la société, il doit être considéré sous deux points de vue différens ; savoir, comme sociétaire, et comme comptable pour ses propres opérations.

Ainsi, les comptes généraux en société se trouveront liés aux comptes généraux du comptable.

Que, par exemple, le comptable achète des marchandises en participation, on débitera le compte de marchandises en participation, et on créditera la caisse (*Compte du comptable*).

Dans ces sortes d'écritures, on remarquera qu'après avoir crédité la caisse, il faudra porter la même somme dans la colonne intérieure du crédit du compte social.

2°. Les comptes en participation peuvent être liés à eux-mêmes.

Que, par exemple, pour un achat de marchandises en participation, j'affecte des lettres-de-change en porte-feuilles, prises précédemment pour le compte en participation, on débitera marchandises en participation à lettres-de-change en participation.

Afin que cette opération paraisse dans le compte social, on portera, dans la colonne intérieure du crédit, la somme équivalente pour l'achat des marchandises, et dans celle du débit, la même somme pour l'emploi des lettres-de-change.

Voilà les combinaisons d'écritures qui peuvent avoir lieu dans l'hypothèse [illegible] opérations de compte social dirigées [illegible] le comptable.

Voyons

Voyons maintenant comment le comptable passerait écritures d'opérations dirigées par un des co-associés, ou par un agent non intéressé dans le compte social.

1°. *pour un co-associé.*

Pierre, co-associé, annonce qu'il a fait un achat de marchandises en participation.

Je débite : marchandises en participation à compte social, colonne Pierre.

Il annonce ensuite qu'il a fait l'envoi de ces marchandises à Jacques, autre co-associé.

Je ne passe aucune écriture de cet envoi, jusqu'à ce que Jacques vende les marchandises.

Il me paraît inutile de multiplier les exemples. Il me suffit de mettre sur la voie.

2°. *Pour un agent non intéressé.*

Remarquez que cet agent, dans les opérations dont il est chargé, ignore qu'elles ont lieu pour compte social : il se trouve seulement en relation avec celui qui lui donne l'autorisation d'opérer. Cette autorisation ne peut lui venir que du comptable ou d'un autre co-associé.

Par le comptable.

Si l'agent achète des marchandises pour le compte social, je débite : marchandises en participation à Pierre, non intéressé.

Observons ici que Pierre étant le représentant du comptable, la somme qu'il a payée doit figurer dans la colonne intérieure du comptable, au crédit du compte social.

Par un co-associé.

Jacques, co-associé, annonce que Pierre, agent non intéressé, a, d'après ses ordres, acheté des marchandises pour le compte social.

Je débite : marchandises en participation à Jacques, co-associé, et je n'ouvre pas de compte à Pierre, agent, parce que Jacques est le représentant de Pierre.

Nous avons établi un système d'écritures pour les opérations en compte social : nous avons parcouru les diverses combinaisons que ce système fait naître, il nous reste maintenant à expliquer le procédé qu'il faudrait employer dans le cas où on solderait le compte social.

Quand on veut solder le compte social, cela suppose qu'on a l'intention de répartir sur chaque co-associé les bénéfices ou les pertes, soit que toutes les opérations du compte social soient terminées ou non.

Les comptes généraux en participation et le compte social ont deux destinations différentes : les premiers ne doivent être soldés qu'à l'époque où les comptes généraux du comptable le sont, parce qu'ils servent à présenter au comptable le résultat des différens comptes sociaux dans lesquels il a figuré comme associé.

Le compte social, au contraire, peut déterminer à chaque instant les profits ou les pertes, parce qu'il offre dans un même tableau tout le mouvement des recettes et des dépenses.

Dans le cas où toutes les opérations ne seraient pas terminées, on fera l'évaluation, en monnaie du comptable, des objets qui restent entre les mains de chaque co-associé, et on portera leur valeur à nouveau.

Si quelques co-associés ont leur compte en monnaie étrangère, on remarquera que c'est le solde de leur compte au cours actuel qui est valable : ainsi, supposant qu'après avoir soldé sur le livre des comptes courants la monnaie étrangère, et porté son équivalent dans la colonne extérieure, celle-ci présentât une différence, on la passerait par le compte de profits et pertes en participation.

Ayant suivi la marche indiquée, il est évident que le compte social présentera tout le mouvement des recettes et des dépenses, et la valeur des objets invendus.

Prenant donc la différence des deux colonnes, celle du comptable, ou celle des co-associés, il y aura un bénéfice, si le débit surpasse le crédit; il y aura une perte, si le crédit surpasse le débit.

Cette différence sera partagée en autant de parties aliquotes qu'il y aura de co-associés y compris le comptable; les co-associés seront débités ou crédités à leur compte particulier par profits et pertes en participation; pour le profit ou la perte du comptable, le compte de profits et pertes en participation, sera débité ou crédité par profits et pertes. (*Compte du comptable*).

CONCLUSION.

Les comptes qui ont été institués dans la seconde partie de cet ouvrage, entrent dans l'opération de l'inventaire, comme les autres que nous avons précédemment examinés; ils sont soumis au même procédé. En un mot, les comptes généraux en direction et en commission, ainsi que les comptes généraux en participation, se résolvent par progression d'espèce au genre dans le compte de capital du comptable.

Il serait inutile de tracer au lecteur la marche qu'il doit suivre à cet égard; s'il a lu cet ouvrage avec attention, il doit la deviner.

En général, je me suis attaché plutôt à développer les principes généraux de la tenue des livres, qu'à entrer dans tous les détails de la pratique. C'est par ce motif que je me suis abstenu de présenter un cours d'écritures et des modèles de registres.

Pour étudier cet ouvrage avec fruit, il faut que le lecteur supplée, de lui-même, à mon omission volontaire; c'est à lui de supposer des opérations plus étendues que celles que j'indique, d'en passer les écritures et de les développer sur tous les livres. De cette manière, il saisira plus facilement l'artifice sur lequel repose la méthode en parties doubles, et le but auquel concourent tous les registres.

FIN.

TABLE
DES MATIÈRES.

Pages.

www.ingramcontent.com/pod-product-compliance
Ingram Content Group UK Ltd.
Pitfield, Milton Keynes, MK11 3LW, UK
UKHW020922180726
13838UKWH00002B/692

9 782329 312125